Veröffentlichungen des Deutschen Vereins für Volks-Hygiene.

Im Auftrage des Zentralvorstandes in zwanglosen Heften herausgegeben von Dr. K. Beerwald, Berlin.

Heft VIII.

Die Bedeutung der Bakterien für die Gesundheitspflege.

Von

Prof. Dr. A. Wassermann,

Berlin.

Mit 6 in den Text eingedruckten Abbildungen.

Erste Auflage.
(Erstes bis fünftes Tausend.)

München und Berlin.
Druck und Verlag von R. Oldenbourg.
1905.

Preis 30 Pfennig.

Von 100 Expl. an 25 Pf. | Von 500 Expl. an 18 Pf.
Von 200 Expl. an 20 Pf. | Von 1000 Expl. an 15 Pf.
Von 2000 Expl. an 12 Pf.

Veröffentlichungen des Deutschen Vereins für Volks-Hygiene.

Im Auftrage des Zentralvorstandes
in zwanglosen Heften herausgegeben
von
Dr. K. Beerwald, Berlin.

Heft VIII.

Die Bedeutung der Bakterien
für die Gesundheitspflege.

Von
Prof. Dr. A. Wassermann,
Berlin.

Mit 6 in den Text eingedruckten Abbildungen.

Erste Auflage.
(Erstes bis fünftes Tausend.)

München und **Berlin.**
Druck und Verlag von R. Oldenbourg.
1905.

Verdeutschung einiger in den nachfolgenden Ausführungen gebrauchten Fremdworte:

Bakteriologe = Bakterienforscher.
chronisch = langdauernd.
desinfizieren = von Ansteckungsstoffen befreien.
Diagnostik = Feststellung, Erkennung.
disponiert = aufgelegt, geeignet.
Element = Grundstoff.
Epidemie = Volksseuche.
epidemiologisch = die Volksseuche betreffend.
Fatalismus = Aberglaube, Glaube an Vorherbestimmung.
Individuum = Persönlichkeit.
Infektion = Ansteckung.
infizieren = verunreinigen.
katarrhalisch = entzündlich.
Material = Stoff, Lebensmittel.
Mikroorganismus = Kleinlebewesen.
Organismus = Lebewesen.
pathogen = krankheitserzeugend.
Pepton = eine Eiweißart.
Prophylaxe = Vorbeugung, Krankheitsverhütung.
Sekrete = Ausscheidungen.
spezifisch = eigenartig, besonders.

Leitsätze:

I. Die ansteckenden Krankheiten beruhen auf dem Eindringen kleinster Lebewesen, welche teils dem Pflanzenreich (Bakterien), teils dem Tierreich (Protozoen) angehören, in den menschlichen Körper.

II. Die Bakterien sind keineswegs nur Feinde der Menschen, sondern sie sind zum größten Teil des Menschen Freunde. Die Tätigkeit dieser befreundeten Bakterien liefert uns unsere wichtigsten Nahrungsmittel und ermöglicht das Leben von Pflanze und Tier.

III. Die Bakterien sind überall zu vielen Millionen vorhanden und zerfallen in sehr viele Arten, die sich voneinander unterscheiden durch die Gestalt, durch die Farbe, durch ihre Beweglichkeit oder Unbeweglichkeit, durch den Einfluß auf gewisse Chemikalien und Tiere sowie endlich durch die Form der Pilzrasen, welche sie bei Anhäufung in Millionen von Exemplaren dem Auge sichtbar bilden.

IV. Damit die schädlichen Bakterienarten eine Krankheit hervorrufen können, müssen sie in den Körper selbst eingedrungen sein durch einen Einriß oder eine Entzündung in der äußeren oder inneren (Schleim-) Haut, welche beide den Körper innen und außen mit einer festen Schutzhülle umgeben. Ein solcher Einriß oder eine Entzündung entstehen durch Verwundung, Unreinlichkeit, unverständige Lebensweise, Erkältung, Not und Elend etc.

V. Außer der Haut und Schleimhaut gewähren einen zweiten Schutzwall gegen die bereits eingedrungenen Bakterien die Lymphdrüsen und einen dritten im Blute kreisende Schutzstoffe, welche letzteren auch in der Muttermilch vorhanden sind und den Säugling behüten.

VI. Diejenigen ansteckenden Krankheiten sind die gefährlichsten, deren Krankheitserreger in den menschlichen Ausscheidungen enthalten sind, weil sie dadurch in Wasser, Luft und Erde kommen, sich dort vermehren können und neue Erkrankungen verursachen. Die letzte Quelle jeder Ansteckung ist also der kranke Mensch.

VII. Auch die Tiere und das Ungeziefer können Infektionskrankheiten verbreiten, und zwar gilt dies besonders für Pest, Malaria und Rückfallfieber.

VIII. Eine Bevölkerung, die dicht zusammenwohnt und unsauber ist, ist stets am meisten gefährdet.

IX. Zur Verhütung der Seuchen ist das rechtzeitige Erkennen der ersten Krankheitsfälle erforderlich sowie die Durchführung der wissenschaftlich festgestellten Schutzmaßregeln, beruhend auf der Verbreitungsart der Bakterien.

X. Bakterienfurcht ist schädlich und unberechtigt. Der einzelne hütet sich vor diesen Krankheiten am besten, wenn er gegen die Kranken verständige, nicht verletzende Vorsicht beobachtet, in jeder Beziehung an sich und in seiner Umgebung für Reinlichkeit sorgt und nicht durch ungenügende Ernährung und Ausschweifungen, unter denen der Alkohol an erster Stelle genannt werden muß, den Körper schwächt.

Unter allen Krankheiten, die die Menschheit bedrohen, sind seit alters, solange die Geschichte der Medizin zurückreicht, die ansteckenden Krankheiten oder die Infektionskrankheiten am gefürchtetsten. Weshalb dies ist, ist leicht begreiflich. Es liegt bereits in ihrem Namen der „ansteckenden Krankheiten", weil, wo sie Fuß gefaßt haben, niemand mehr recht wagt, sich seines Lebens zu freuen, jeder von der Angst befallen ist, daß auch ihn am nächsten Tage das Schicksal, die Ansteckung, ereilen könne. Dadurch zerreißt die Infektionskrankheit unter Umständen alle Bande der Familie und, wenn sie als schwere Seuche, als Cholera, als Pest, der schwarze Tod im Mittelalter, auftritt, so zerreißt sie die Bande der gesamten Gesellschaft: Ein jeder sieht im andern eine Gefahr für seine Gesundheit. Seit Bestehen der Welt haben daher die Männer, welche sich für Medizin interessieren, darüber nachgeforscht, worin die Ursache, das Wesen der Ansteckung bei gewissen Krankheiten liegt. Daß es etwas von außen, also ein Fremdes, in den Organismus Eindringendes sein muß, das nahm man von alters her an, und das bezeichnete man schon mit dem lateinischen Namen, den man diesen Krankheiten gab, dem Namen Infektion, der sich von inficere, verunreinigen, ableitet. Es bedeutet daher der Ausdruck „Infektion", daß bei diesen Krankheiten der menschliche Organismus durch etwas, was von außen in ihn hineinkommt, verunreinigt wird. So faßte man das früher auf, aber was dieses verunreinigende Agens ist, das wußte man nicht, davon hatte man keine Ahnung. Bald suchte man es in schlechten Dünsten, die aus der Erde, aus Sümpfen aufsteigen, bald glaubte man, daß eine Seuchenluft vom fernen Osten her sich zeitweise zu uns wälzen könne. Im Mittelalter, als Aberglaube und Mystizismus in den Naturwissenschaften ihre größte Blüte hatten, als die Alchymisten an der Reihe waren, da glaubte man, daß das Entstehen von Seuchen zusammenhänge mit gewissen tellurischen Einflüssen, mit gewissen überirdischen Dingen, mit einer Stellung vom Mond zur Erde usw. Man glaubte endlich, daß Kometen Seuchen bringen können.

Klarheit und damit die Möglichkeit, wirksam gegenüber den Seuchen und den Infektionen aufzutreten, brachte uns erst die richtige, einwandfreie naturwissenschaftliche Beobachtung und Durchforschung des infektionskranken Menschen, und vor allem war es ein Mann, unser berühmter Landsmann Robert Koch, der durch eine geistreich erdachte Methodik und durch genialen Gebrauch des Mikroskops uns lehrte, daß der fremde Stoff, welcher bei Infektionen in den Körper eindringt, ihn krank macht und welcher dann von dem kranken Organismus die Krankheit wieder auf einen gesunden übertragen kann, bei allen uns bekannten Krankheiten aus ganz bestimmten kleinsten lebenden Wesen, den sog. Mikroorganismen, besteht.

Die Mikroorganismen, so nennen wir diese kleinsten unsichtbaren Lebewesen, die für den Menschen als krankmachende Elemente in Frage kommen, sind zum Teil die niedersten Vertreter des Pflanzen- und des Tierreiches. Im ersteren Falle nennen wir sie Bakterien, welche sämtlich zur Klasse der Pilze gehören, im zweiten Falle Protozoen. Nun wäre aber nichts irriger, als in der gesamten Klasse der Bakterien von vornherein nur unsere Todfeinde zu sehen, die nur darauf lauern, uns krank zu machen. Vielmehr sind die Bakterien, deren es unzählige Arten gibt, mit der allernotwendigste Bestandteil für unser Leben, und ohne die Mitarbeit der Bakterien wäre ein Fortbestehen der Welt nicht möglich.

Im Haushalte der Natur spielt die wichtigste Rolle der Kreislauf des Stickstoffs, der darin besteht, daß die Pflanzen den Stickstoff aus den einfachen Verbindungen, wie Salpeter oder Ammoniak, welche im Erdboden natürlich vorkommen, zu höher zusammengesetzten, stickstoffhaltigen Verbindungen, den Eiweißverbindungen, aufzubauen vermögen. Der Mensch und das Tier können nur dadurch ihren Eiweiß- und damit Stickstoffbedarf decken, daß sie diese Tätigkeit der Pflanzen benutzen, und sie führen die für sie unumgänglich nötigen Eiweißverbindungen zu sich, indem sie direkt die eiweißhaltigen Früchte gewisser Pflanzen verzehren oder indirekt das Fleisch pflanzenfressender Tiere genießen. Der Stickstoff wird demnach dem Boden fortwährend von der belebten Natur, von Mensch und Tier, durch das Verzehren von Pflanzen entzogen, wird ihm aber hinterher immer wieder zurückgegeben, indem die Exkremente, der Dung, und außerdem die Leichen der Erde wieder übergeben werden. Bei diesem Kreislauf nun spielen die Bakterien die hervorragendste Rolle, da sie einerseits für die Pflanzen die Salpeter- und Ammoniakverbindungen in eine derartige Form überführen, daß die Pflanze sie benutzen kann, und anderseits durch die Unterhaltung der Fäulnisprozesse den Dung, den wir auf das Land bringen, wiederum so verändern, daß er in die einfachen Verbindungen zerlegt wird, welche die Pflanze haben muß. Es ist also eigentlich die Arbeit der Bakterien, welche den Stickstoff zu den zusammengesetzten, für den menschlichen Organismus nötigen Eiweißverbindungen aufbauen und später, damit der Boden nicht an Stickstoff verarme, wieder abbauen. Man hat daher sogar versucht, um die Fruchtbarkeit eines Bodens zu heben, ihm direkt gewisse Bakterien zuzuführen. Ja, die Tätigkeit einiger Bakterien für die Ernährung der Pflanzenwelt geht so weit, daß bestimmte Pflanzen, wie z. B. Erbsen und Lupinen, unter dem Einfluß dieser Bakterien mit ihren Wurzeln direkt den Stickstoff aus der Luft benutzen können zum Aufbau von Eiweiß, während sie ohne diese Bakterien nicht imstande sind, fortzukommen. Hier äußert sich demnach bereits eine der wichtigsten wohltätigen Eigenschaften dieser Kleinlebewesen.

In diesem Sinne muß ferner der chemischen Umwandlungen gedacht werden, welche die Bakterien zu veranlassen befähigt sind, und wodurch uns zum Teil die wichtigsten Nahrungs- und industriellen Mittel geliefert werden. So beruht der Käseprozeß, die Reifung des Käses ausschließlich auf der Tätigkeit von Bakterien. Jede Gärung, wie wir sie beim Brotbacken benutzen, beim Bierbrauen, bei der Herstellung von Wein, von Spiritus, von Essig, beruht auf der Gärungswirkung von Bakterien, so daß überaus wichtige Erwerbsquellen allein durch die Bakterien ermöglicht werden. Die gesamten Prozesse der Verwesung und der Fäulnis, die also dazu dienen, das Abgestorbene in der Natur, sei es pflanzlicher, sei es tierischer Art, z. B. das vom Baum gefallene Laub, den Kadaver eines Tieres, wieder zu Humus werden zu lassen und damit der Erde ihre alte Kraft wiederzugeben und für kommende Geschlechter zu sorgen, alles dieses beruht auf der Tätigkeit der Bakterien. Ohne diese Bakterien ist ein Fortbestehen der Welt nicht möglich. Bei dieser ungeheuren Wichtigkeit der Bakterien für den Haushalt der Natur ist es ohne weiteres klar, daß dieselben nicht vereinzelt in der Welt vorhanden sein können, sondern daß sie zu Millionen und Milliarden überall vorhanden sein müssen. In der Tat finden sich in jedem Zimmer, in der Luft, im Wasser, in der Erde, auf allen Gegenständen, überall, wo man mit geeigneten Untersuchungsmethoden nachforscht, Bakterien, und es bedarf wohl keines Beweises, daß niemand von uns leben könnte, wenn alle diese Bakterien gesundheitsschädlich wären. Das trifft aber glücklicherweise unter den vielen tausenden und tausenden Arten von Bakterien nur für ganz wenige zu. Wir nennen die unschädlichen ersteren die schmarotzenden Bakterien, die wenigen anderen Arten dagegen, welche gesundheitsschädlich sind, nennen wir pathogene (krankheitserzeugende) Bakterien.

Unsere Kenntnisse über die Bakterien beruhen auf den Untersuchungsmethoden, welche ausschließlich von Robert Koch ausgearbeitet sind. Dieselben bestehen darin, daß wir feste, durchsichtige Nährböden machen, welche den Bakterien das nötige Material zur Verfügung stellen, so daß sie auf demselben leben und wachsen können. Meistenteils sind das pflanzliche oder tierische Gallerte, Agar und Gelatine, die mit Bouillon und mit Pepton versetzt sind. Auf derartigen Nährböden können sich die Bakterien von dem Eiweißstoff nähren, sie wachsen dann, wenn wir sie bei geeigneter Temperatur in einem Brutschrank bei 37° halten, recht rasch, vermehren sich zu vielen Millionen, so daß nun auf derartigen Platten, wie wir das nennen, durch die Ansammlung von vielen Millionen Bakterien sichtbare Pilzrasen entstehen, die wir beliebig im Tierexperimente und im Mikroskope untersuchen können. Fig. 1 gibt das Bild einer solchen Platte. Diese sichtbare Bakterienkolonie besteht, wie schon erwähnt, aus Milliarden von einzelnen Individuen, deren jedes natürlich mit bloßem Auge gar nicht zu sehen ist. Wir müssen, um Bakterien gut zu sehen, 800—1000fache Vergrößerung an=

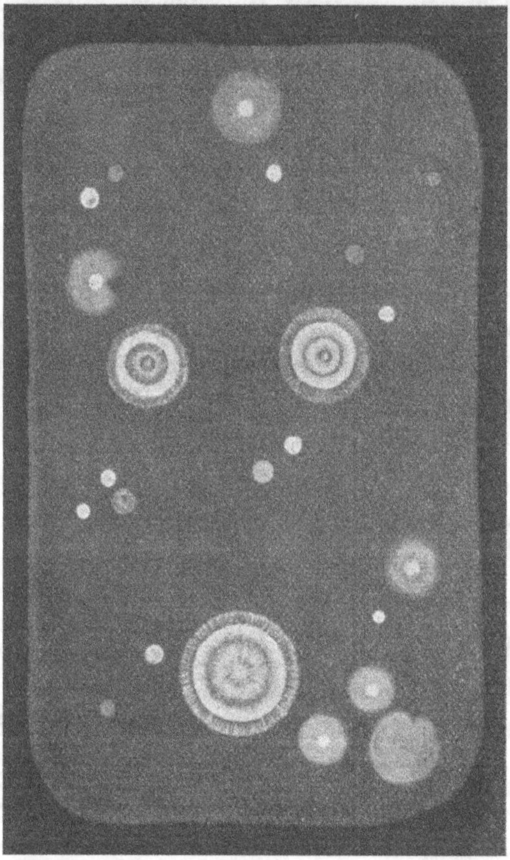

Fig. 1. Gelatineplatte mit verschiedenen Bakterienkolonien aus Wasser.[1])

[1]) Die in diesem Hefte enthaltenen Abbildungen sind dem vorzüglichen Buche „Bakterien, Infektionskrankheiten und deren Bekämpfung" von Professor Dr. M. Schottelius, Verlag von E. H. Moritz in Stuttgart, entnommen. Wer sich eingehender über diese Fragen unterrichten will, dem sei dieses Buch dringend empfohlen. D. H.

wenden, da ein Bakterium nur etwa $^1/_{1000}$ mm im Durchschnitt hat, d. h. bei 1000facher Vergrößerung unter dem Mikroskop

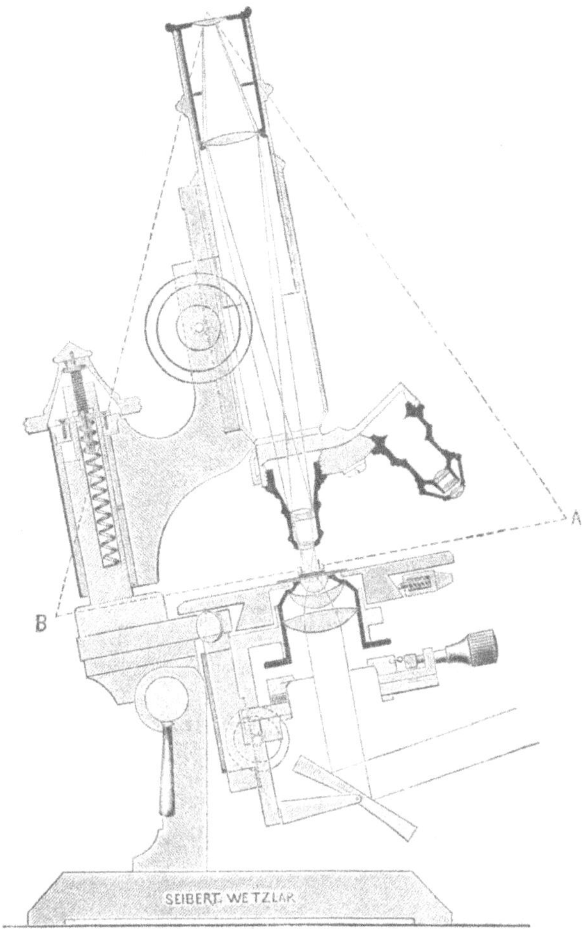

Fig. 2. Durchschnitt durch ein Bakterien-Mikroskop.

(s. Fig. 2) erst so groß wie 1 mm erscheint. Bei genügender Vergrößerung finden wir, daß die Bakterien verschiedene Gestalt haben und auch andere Eigentümlichkeiten zeigen, die sie von=

einander unterscheiden lassen. Wir finden dann vor allen Dingen, daß es drei große Klassen von Bakterien, nach der Form unterschieden, gibt, nämlich Stäbchen, also längliche Form (Fig. 3), die sog. Bazillen, runde Form (Fig. 4), die sog. Kokken, und schraubenförmige Form, die sog. Spirillen oder Vibrionen (s. Fig. 5 u. 6). Wenn wir weitere Vergleiche anstellen, so ergibt

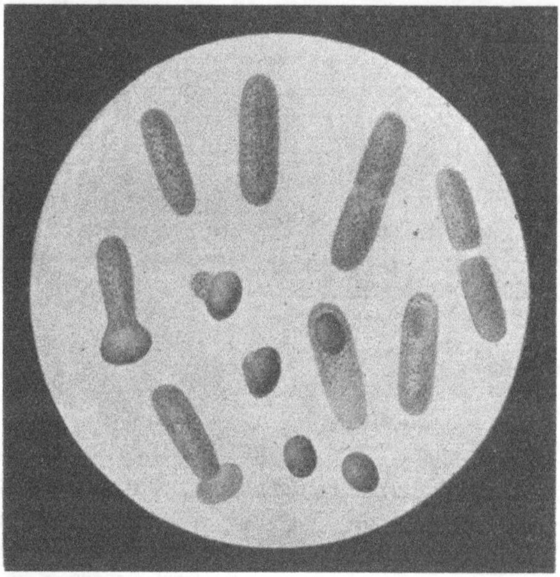

Fig. 3. Wachstum, Teilung und Sporenbildung eines Bazillus.

sich, daß es Bakterien gibt, die beweglich und unbeweglich sind. Und wenn wir nun die Bakterien noch weiterhin auf chemische Äußerungen untersuchen, wie sie gewisse Chemikalien zersetzen, ferner auf gewisse Äußerungen oder Wirkungen, die sie im Tiere hervorrufen, endlich auf die Art, wie sie auf solchen Platten in künstlichen Züchtungen wachsen, so können wir mannigfache Unterschiede an ihnen bemerken und können anderseits gleichbleibende, beständige Artmerkmale an den einzelnen Bakterien feststellen, so daß wir also, wenn wir ein solches finden, nach seinen Artmerkmalen sagen können, das ist das und das Bakterium, genau wie der Botaniker an größeren Pflanzen nach bestimmten Artzeichen unterscheiden kann, das ist eine Eiche, jenes eine Buche, eine Linde usw. Auf diese Art ist es nun Koch

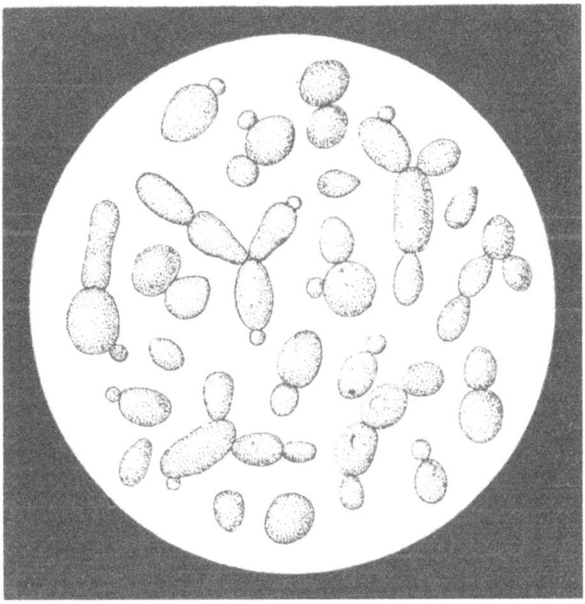

Fig. 4. Hefe- oder Sproßpilze.

gelungen, nachzuweisen, daß jede der uns bekannten Infektionskrankheiten stets und unweigerlich immer einen und denselben Mikroorganismus hat, wo wir auch untersuchen mögen, ob in Asien, Amerika oder Europa, daß wir also beispielsweise bei einem Tuberkulösen immer den Mikroorganismus finden, den Fig. 5 zeigt, der immer wieder dieselben Merkmale besitzt, daß wir bei einem Cholerakranken immer wieder den kommaähnlichen etwas gekrümmten von Fig. 6 beobachten können, und daß niemals bei irgend einer anderen Krankheit als bei Tuberkulose oder echter Cholera ein Mikroorganismus gefunden wird, der diese Merkmale, diese Eigenschaften und Gestalt hat als wie nur wieder der echte Tuberkel- oder Cholerabazillus. Deshalb erlaubt uns diese unumstößlich feststehende Tatsache, wo wir

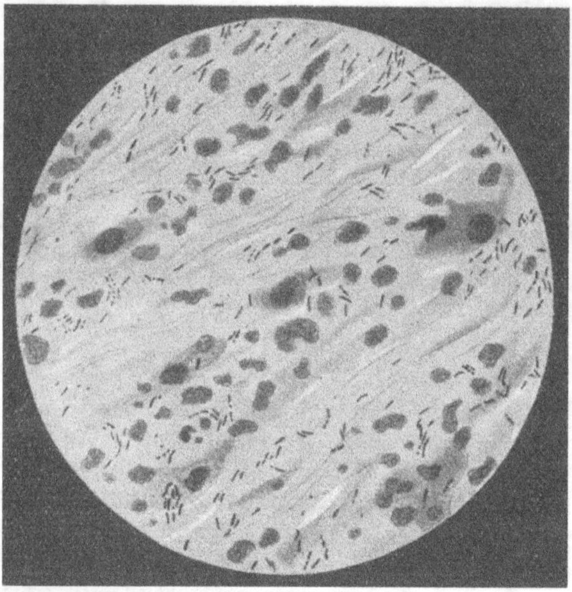

Fig. 5. Auswurf eines Schwindsüchtigen.

bei einem Kranken einen bestimmten Mikroorganismus finden, der sich genau wie der Tuberkelbazillus verhält, die Diagnose zu stellen, dieser Mensch leidet an Tuberkulose. Ganz dasselbe gilt auch für alle anderen Infektionserreger, und wir nennen das fachmännisch, daß ein bestimmter Infektionserreger spezifisch ist für eine bestimmte Infektionskrankheit. Also nie vermag der Tuberkelbazillus eine andere Infektionskrankheit hervorzurufen als Tuberkulose, umgekehrt ist aber jeder Fall von Tuberkulose durch Tuberkelbazillen hervorgerufen. So wie eine Eiche nie zu einer Linde werden kann, so kann nie ein bestimmter Mikroorganismus, z. B. der Milzbrandbazillus, der den Milzbrand hervorruft, zum Cholerabazillus werden oder umgekehrt, und weiterhin kann niemals ein Fäulnisbazillus, der nicht pathogen

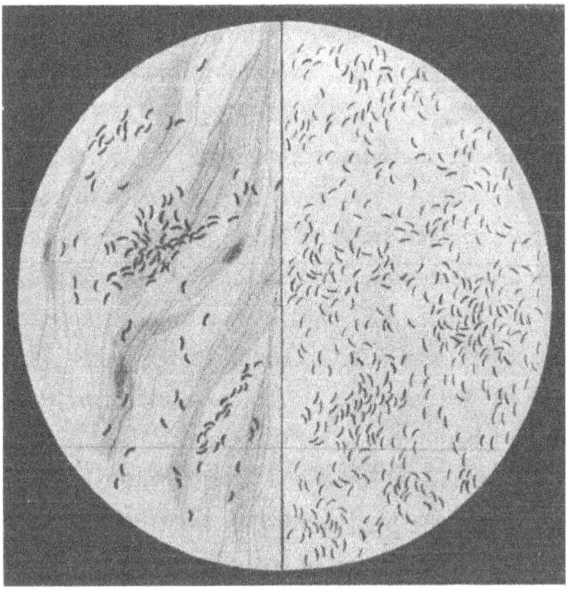

Fig. 6. Cholera-Vibrionen (Kommabazillen).

ist, eine Seuche, eine ansteckende Krankheit beim Menschen erzielen.

Wie kommt nun durch diese einzelnen Arten der Infektionserreger eine Krankheit zustande? Genügt es beispielsweise, daß uns beim Spaziergang ein Infektionserreger auf die Haut fällt, damit wir an der betreffenden Infektionskrankheit erkranken? Nein, das ist nicht der Fall. Denn, wenn das wäre, so wäre, trotzdem es nur verhältnismäßig wenige für den Menschen schädliche Bakterienarten in der Welt gibt, bei der doch immerhin großen Anzahl von Infektionskrankheiten ein Fortbestehen der Menschheit nicht lange möglich. Und das genauere Studium hat uns gelehrt, daß, damit ein solcher Mikroorganismus einen Menschen krank machen kann, erst ganz bestimmte Bedingungen erfüllt sein müssen.

Vor allem ist dazu nötig, daß der betreffende Mikroorganismus auch wirklich in das Gewebe unseres Körpers eindringt. Solange der Mikroorganismus nur auf der äußeren oder inneren Oberfläche unseres Körpers sich befindet, ist er nicht imstande, uns krank zu machen. In der Tat hat ein jeder von uns fast von der ersten Stunde seiner Geburt an eine große Menge von pathogenen Mikroorganismen teils auf der Oberfläche der Haut, teils auch im Inneren des Darmes, in der Nasen- und Rachenhöhle, ohne daß wir davon Beschwerden haben. Das kommt daher, daß in diesem Falle die Mikroorganismen nur in dem Schleim, der sich auf der Oberfläche der Nasenrachenhöhle oder des Darmes befindet, vegetieren, dagegen nicht in die Schleimhaut selbst, also in die Darmwand oder in das Gewebe der Nase resp. des Mundes eindringen. Wenn sie dies einmal tun nach irgendwelchen vorausgegangenen krankhaften Veränderungen der Oberhaut oder der das Körperinnere überall, also auch die Lunge, auskleidenden, schützenden Schleimhaut, dann können freilich diese selben Mikroorganismen, die wir jahraus, jahrein, unbeschadet unserer Gesundheit, mit uns herumgetragen haben, Krankheitssymptome oder Infektionen, wohl gemerkt, sie können dann ihre spezifische Krankheit veranlassen, müssen es aber nicht, weil der Körper, wie wir später erfahren werden, noch über weitere Schutzmittel gegen sie verfügt. Also es ist nötig, daß der betreffende Krankheitserreger in das Gewebe des Organismus wirklich eindringt. Für viele Infektionserreger ist es aber noch nicht einmal gleichgültig, an welchem Orte des Organismus sie eindringen, sondern manche müssen an ganz bestimmten Stellen in uns hineingelangen, wenn sie uns krank machen sollen. So ist z. B. der Typhusbazillus oder der Cholerabazillus nur imstande, Typhus resp. Cholera zu erzeugen, wenn er in das Gewebe des Darmes eindringt, also wenn wir ihn mit der Nahrung zu uns nehmen, nicht aber, wenn er z. B. in eine Wunde des Fingers oder an einen anderen Körperteil gelangt. Diese Mikroorganismen haben also, wie wir uns ausdrücken, ganz bestimmte Eingangspforten. Andere Mikroorganismen allerdings sind so pathogen oder krankheitserregend, daß sie von überall her, wo sie in den Organismus eindringen, also ob wir sie in die Haut einimpfen, oder ob wir sie mit der Nahrung in den Darm einbringen, oder ob sie mit dem Luftstrom in die Lungen gelangen, kurz von irgend einer Stelle des Organismus aus diesen stets krank machen. Zu ihnen gehört z. B. der Milzbrand- oder auch der Tuberkelbazillus. Andere Infektionserreger bedürfen wiederum ganz bestimmter unterstützender Vorgänge, der Mitwirkung anderer Bakterien, um die Infektion hervorzurufen. Dies ist z. B. der Fall bei dem Erreger des Starrkrampfes, dem Tetanusbazillus. Daraus geht also hervor, daß das Zustandekommen der Infektion ganz bestimmte Voraussetzungen hat, daß sich die verschiedenen Infektionserreger darin ganz verschieden verhalten, und daß natürlich in allererster Linie für jedermann, der sich mit einer Verhütung von Infektionen beschäftigen will, erst ein genaues Studium jedes einzelnen Infektionserregers vorausgehen muß, auf welche Weise derselbe eine Krankheit hervorrufen kann. Da nun immer das Eindringen der pathogenen Mikroorganismen in unseren Organismus die unumgängliche Voraussetzung für eine Infektion ist, so ist es ohne weiteres klar, daß der normale und unversehrte Zustand der äußeren und inneren Bekleidung unseres Körpers eines der allerwichtigsten Momente ist für die Erleichterung oder Erschwerung einer Infektion. Eine Haut, die durch Unreinlichkeiten in einem chronischen Entzündungszustande sich befindet, in der Einrisse vorhanden sind, ein Darm, dessen schützende Auskleidung durch Diätfehler, durch Mißbrauch von alkoholischen Getränken in einen chronisch katarrhalischen Zustand versetzt ist, eine derartige Haut oder ein derartiger Darm oder eine Lunge, die durch Erkältung ebenfalls in chronische Reizung versetzt ist, gestatten natürlich das Eindringen von Mikroorganismen leichter, als wenn diese Organe in ihrem normalen, gesunden Zustande sind und damit also viel weniger leicht von Mikroorganismen durchdrungen werden können. Das erklärt auch, weshalb z. B. Trinker bei Choleraepidemien oder bei Typhusepidemien so viel häufiger an diesen Krankheiten erkranken, so daß man statistisch nachweisen konnte, daß z. B. bei Choleraepidemien gewöhnlich die meisten Erkrankungen am Montag vorkommen als Folgeerscheinungen der Ausschreitungen, besonders im Trinken, am vorgehenden Sonntage.

Aber selbst wenn dieser erste Schutzwall von den Krankheitskeimen genommen, wenn ein Riß in der Haut, wenn unverständiges Leben ihnen durch die Schleimhaut eine Pforte in den Körper geöffnet, ist der Mensch ihnen noch nicht rettungslos überlassen, sondern dann tritt der zweite Schutzwall oder richtiger Schutzgürtel in Kraft, und das sind gewisse Zellansammlungen, die Lymphdrüsen. Diese sind imstande, bereits eingedrungene Mikroorganismen in sich abzufangen und abzutöten. Wie wichtig dieser zweite Schutzwall ist, das sehen wir gerade bei der verbreitetsten Seuche, der Tuberkulose. Wir können an den Leichen nachweisen, daß noch ein Drittel aller Menschen, die als ganz tuberkulosefrei während des Lebens gegolten haben, in den Lymphdrüsen einzelne tuberkulöse Veränderungen haben, indem hier eingedrungene Tuberkelbazillen aufgefangen und an ihrer Weiterverbreitung von den Lymphdrüsen gehindert wurden. Dazu kommen als dritter Schutzwall, wenn die Lymphdrüsen nicht die Bakterien zurückhalten konnten, gewisse Stoffe, die stets in unseren Körpersäften kreisen, und welche imstande sind, Bakterien direkt abzutöten. Diese Stoffe sind ungemein wichtig. Das können wir leicht durch ein Experiment nachweisen, oder wir sehen es bei Krankheiten, indem jeder Körperteil, in welchen diese Stoffe zu Lebzeiten nicht mehr hineinkommen können, zu welchem die Blutzufuhr abgesperrt ist, sehr rasch ein Opfer der Bakterien wird und am lebendigen Leibe zu faulen anfängt. Er wird, wie wir uns ausdrücken, brandig. Diese in den Körpersäften kreisenden Stoffe sind individuell nach Menge verschieden. Wir wissen, daß Hunger, Not, starke Blutverluste, plötzliche Kälteeinwirkungen diese Stoffe in ihrer Menge herabsetzen können, und so verstehen wir, daß ein schlecht genährtes Individuum, eine durch Not und wirtschaftliches Elend herabgekommene Bevölkerung neben den anderen Momenten, also dem damit Hand in Hand gehenden Schmutz, dem zu engen Zusammenwohnen, weit mehr der Ansteckung ausgesetzt ist als ein normal genährtes, kräftiges Individuum. Ja, die Natur hat es sogar so weise eingerichtet, daß sie alle die Schutzwaffen, welche eine Mutter während ihres Lebens in sich aufgestapelt hat, durch den Kreislauf, der vor der Geburt zwischen Mutter und Kind besteht, in die Frucht übergehen läßt, selbst noch weiter, nach der Geburt in die Milch und damit durch die Milch in den jungen Organismus. Demgemäß müssen wir auch die Brusternährung, die Mutternahrung, als ein direktes Vorbeugungsmittel gegenüber Infektionen betrachten, weil nur auf diese Weise das Kind eine große Menge von Schutzwaffen von der Mutter übernimmt. Und in der Tat zeigt die Statistik, daß die Brustkinder weniger an Infektionen erkranken als die Flaschenkinder, und die Lehrer der Gesundheitspflege müssen daher immer wieder mit allem Nachdruck darauf hinweisen, daß, wo es irgend angängig ist, es die Pflicht einer Mutter ist, ihrem Kinde die einzig natürliche Nahrung, d. h. die Brust, zu geben.

Besonders wichtig für die Verbreitung der Infektionskrankheiten ist weiterhin zu wissen, wo kommen pathogene Bakterien überhaupt vor, auf welche Weise kommen sie aus dem erkrankten Menschen wieder heraus, und wie erhalten sie sich außerhalb des kranken Menschen in der Natur lebend? In dieser Hinsicht verhalten sich die Mikroorganismen ganz verschieden, und es muß da jeder einzelne auf das genaueste in bezug auf sein Verhalten untersucht werden.

Von vornherein sind für die Verbreitung von Infektionserregern diejenigen Krankheiten am gefährlichsten, bei denen Krankheitsprodukte, die also die spezifischen Krankheitserreger in sich haben, nach außen entleert werden. Ein infektionskranker Mensch ist, solange er die Infektionserreger nur in sich hat und sie nicht durch Ausscheidung an die Außenwelt abgibt, für seine Nebenmenschen nicht gefährlich. Denn die Ansteckung kann natürlich nur immer dadurch zustandekommen, daß der Infektionserreger von einem kranken Menschen ausgeschieden wird und nun an irgend einem Gegenstand oder an Luftstäubchen haftend in einen Gesunden gelangt. Es ist deshalb für den

Bekämpfer der ansteckenden Krankheiten ungemein wichtig, die Verbreitung der pathogenen Mikroorganismen im erkrankten Organismus zu kennen und dadurch zu wissen, in welche Ausscheidungen er übergeht, welche also für die Weiterverbreitung der Krankheit in Frage kommen können, und welche wir daher auf das energischste desinfizieren müssen. Daß in dieser Beziehung die einzelnen Infektionskrankheiten sich sehr verschieden verhalten, wurde bereits hervorgehoben. Um Beispiele zu geben, sei nur daran erinnert, daß bei Cholera die spezifischen Infektionserreger ausnahmslos in Entleerungen des Magendarmkanals vorkommen, daß also bei diesen Krankheiten in den Darmentleerungen der Kranken die größte Gefährdung für die Gesunden steckt. Daneben kommt bei Typhus noch der Urin in Betracht. Umgekehrt ist es bisher nicht gelungen, für die Pest in Darmentleerungen die Pestbazillen beim Menschen nachzuweisen, so daß bei dieser Erkrankung den Darmentleerungen keine große Gefahr für die Weiterverbreitung innewohnt; dagegen ist bei Pest der Auswurf aus den Lungen voll von Pestbazillen und damit ungemein gefährlich für die Übertragung der Seuche, währenddem bei Typhus der Auswurf höchst selten die spezifischen Infektionserreger enthält. Bei Cholera ist im Auswurf überhaupt kein spezifischer Bazillus beobachtet worden, so daß bei dieser letzteren Krankheit von dieser Seite keinerlei Gefahr droht.

Durch die Sekrete und Ausscheidungen gelangen die Infektionserreger in das Freie, und hier entsteht die weitere wichtige Frage, wie lange können sie sich außerhalb des Menschen in der unbelebten Natur lebend erhalten. Auch hier zeigen sich die verschiedenen Infektionserreger wieder ganz verschieden. Manche Infektionserreger sind so leicht zerstörbar und gegen die äußeren

Schädlichkeiten so wenig widerstandsfähig, daß sie, sowie sie aus dem Menschen ausgeschieden sind, infolge Austrocknung der Luft und Mangel an Nährmaterial sehr rasch zugrunde gehen, so daß also bei ihnen eine Ansteckung durch unbelebte Gegenstände höchst selten eintreten kann und nur unter für die Bakterien ganz besonders günstigen Umständen, wenn eben an diesem unbelebten Gegenstand erst ganz kurze Zeit vorher Sekret von einem erkrankten Menschen haften geblieben ist. Hierher gehören die Infektionserreger der Geschlechtskrankheiten, nämlich die Erreger des Trippers, die Gonokokken, ferner die Erreger des weichen Schankers, die Streptobazillen usw., so daß bei diesen Krankheiten die Ansteckung ausschließlich nur durch direkte Einimpfung von Mensch auf Mensch erfolgt. Andere Mikroorganismen dagegen sind gegenüber den Einwirkungen der äußeren Welt so widerstandsfähig, besonders wenn sie imstande sind, zu ihrem Schutze sehr widerstandsfähige Dauerformen, die sog. Sporen, zu bilden, wie die Milzbrandbazillen u. a., daß sie sich in der freien Natur, z. B. in der Erde, jahrelang lebend und infektionstüchtig erhalten können.

Auch in bezug auf die Umgebung in der unbelebten Natur, welche den Infektionserregern die besten Bedingungen für ihr Fortkommen bietet, bestehen die allergrößten Verschiedenheiten. Während für manche Bakterienarten das Wasser dasjenige Element ist, in welchem sie gute Bedingungen finden, um sich am Leben zu erhalten oder sogar vermehren zu können, ist dies für andere die Erde. Dies sind natürlich Punkte, die die einschneidendste Bedeutung für das Zustandekommen und für die Abwehrmaßregeln gegenüber Seuchen haben. Denn wenn wir im Laboratorium nachweisen können, daß z. B. für Cholera- und Typhusbazillen das Wasser gerade dasjenige Element ist, in welchem sie in der unbelebten Natur am längsten am Leben bleiben, so stimmt damit dann die Beobachtung bei Epidemien überein, daß das Wasser beim Zustandekommen dieser Krankheiten die größte Rolle spielt, und daß wir daher beim Verhüten und beim Eindämmen einer etwaigen Epidemie gerade wieder dem Wasser unsere hervorragende Aufmerksamkeit schenken müssen, daß wir das Wasser bei solchen Epidemien als den häufigsten Infektionsüberträger zu betrachten haben und uns demgemäß hüten werden, irgendwie zweifelhaftes unabgekochtes Wasser zu trinken. Was die Luft angeht, so ist es zweifellos, daß die Luft unter Umständen Infektionserreger übertragen kann. Immerhin wird die Luft in ihrer Bedeutung als Infektionsüberträger vielfach überschätzt. Es können natürlich auf irgendwie weitere Entfernungen nur solche Infektionserreger durch die Luft übertragen werden, die unter der Austrocknung nicht leiden, da die Luft auf eine weitere Entfernung als 2 m nur Material transportieren kann, das vollständig getrocknet in Stäubchenform aufzufliegen vermag. Nun gibt es allerdings eine Reihe von pathogenen Bakterien, in erster Linie die Tuberkelbazillen, aber auch die Diphtheriebazillen, Eiterungserreger usw., welche der Austrocknung lange Zeit widerstehen, und die daher durch die Luft übertragen werden können. Aber in dieser Hinsicht müssen wir sehr unterscheiden zwischen der Luft in den Zimmern und zwischen der freien Luft. Im Freien ist die Verminderung der Keime und anderseits auch die desinfizierende Wirkung des Sonnenlichtes eine so starke, daß die Gefahr, pathogene Keime aus der freien Luft in unseren Organismus hineinzubekommen, wohl kaum besteht. Und in der Tat haben statistische Berechnungen ergeben, daß z. B. Leute, deren Beruf es mit sich bringt, in großen Städten sehr vielen

Straßenstaub einzuatmen, wie z. B. die Straßenkehrer in Berlin, trotzdem nicht häufiger an Tuberkulose erkranken als andere, obgleich tagtäglich in Berlin viele Millionen Tuberkelbazillen von Kranken mit ihrem Auswurf auf die Straße entleert werden, weil eben die Mehrzahl dieser Tuberkelbazillen durch die Sonne und durch andere Schädlichkeiten rasch zugrunde gehen und die etwa überlebenden, die in die Luft gelangen, dann so vereinzelt werden, daß der Zufall einer Infektion ein viel zu geringer ist. Also in der freien Luft brauchen wir wohl kaum Angst vor einer Ansteckung zu haben. Ganz anders ist dies dagegen mit der Luft in geschlossenen Räumen. Hier ist natürlich die Verminderung des Materials keine gleichgroße. Anderseits finden etwaige Mikroorganismen, die von Kranken in der Wohnung entleert wurden, also z. B. eingetrockneter Auswurf von Tuberkulösen, weit bessere Möglichkeit, sich am Leben zu erhalten, da die Belichtung keine so intensive, auch die Austrocknung nicht so stark ist. Es ist daher ohne weiteres klar, daß dumpfe, feuchte und dunkle Räume der Übertragung von Infektionen großen Vorschub leisten, indem etwaige Infektionserreger sich in ihnen weit länger am Leben erhalten können.

Was die Erde betrifft, so wurde besonders früher auf Grund der Pettenkoferschen Lehren die Gefahr des Bodens als Infektionsüberträger ungemein überschätzt. Für manche Infektionen, wie z. B. Cholera und Typhus oder für die Malaria, nahm man an, daß der Boden direkt eine ursächliche Rolle spiele. Wir wissen heute, daß der Boden von allen Elementen dasjenige ist, das in epidemiologischer Hinsicht am wenigsten in Betracht kommt, indem im Boden, in den ja alle tierischen Produkte zurückgelangen und in dem stets massenhaft Fäulnisbakterien vorhanden sind, die meisten Krankheitserreger die ungünstigsten

Bedingungen finden für ihr Fortkommen, da sie von den Fäulnisbazillen überwuchert und abgetötet werden. Natürlich kann es vorkommen, daß, wenn Typhusentleerungen in den Boden hineingelangen, sich durch günstige Umstände dort einmal längere Zeit am Leben erhalten und Arbeiter beim Arbeiten an eine derartige Stelle kommen, eine Infektion unter diesen Arbeitern ausnahmsweise eintreten kann. Aber das sind recht seltene Fälle, und im ganzen genommen ist die Bedeutung des Bodens für die Infektionsübertragung keine sehr maßgebende. Die Rolle, welche er bei der Malaria oder dem Sumpffieber spielt, wird noch später erörtert werden. Nur für das Zustandekommen einer einzigen Infektion, die indessen selten vorkommt, hat der Erdboden einen relativ recht großen Einfluß: das ist für das Zustandekommen des Wundstarrkrampfes, indem in der Erde, besonders in der schwarzen Gartenerde, fast stets Wundstarrkrampf- oder Tetanusbazillen vorhanden sind. Sie kommen dahin mit dem Dung von Tieren, der ebenfalls immer Tetanusbazillen enthält. Daher ist es durchaus zu widerraten, wie es in manchen Volksklassen noch Sitte ist, bei Verwundungen, besonders Verbrennungen, zum Kühlen Erde auf die Wunde zu legen. Solch Verfahren kann unter Umständen sehr bösartige Folgen durch Entstehen einer Infektion an Wundstarrkrampf haben.

Die Quelle der Infektionserreger, die wir im Wasser, in der Erde oder in der Luft bisweilen nachweisen können, ist in letzter Instanz stets der Mensch. Damit stimmt überein, daß wir auf jungfräulichem Boden, der nie von Menschen bewohnt war, niemals menschenpathogene Keime nachweisen können, daß wir in der Luft über unbewohnten Strecken, z. B. über Bergen, ebenfalls niemals Infektionserreger finden. Also überall, wo menschenpathogene Keime vorhanden sind, können wir behaupten, daß dort Menschen geweilt haben, und daß die letzte Quelle für jede Ansteckung immer der kranke Mensch ist. Jeder Gegenstand, der von einem kranken Menschen stammende Stoffe enthält, welche die spezifischen Infektionserreger im lebenden Zustand bergen, kann eine Infektionskrankheit übertragen. Mit dieser Tatsache, daß immer der kranke Mensch die letzte Quelle aller Ansteckungen darstellt, indem alle pathogenen Keime, wo wir sie auch nachweisen können, immerwährend doch von ihm ausgeschieden wurden und von ihm herstammen, mit dieser Tatsache stimmt auch überein, daß, je dichter eine Bevölkerung zusammenwohnt, je enger also die Berührung von Mensch auf Mensch ist, desto häufiger Übertragungen von Infektionen vorkommen. Das sehen wir besonders deutlich bei der Tuberkulose, wo wir, je nach der Dichtigkeit der Bevölkerung, eine Steigerung der Erkrankungen an dieser Krankheit nachweisen können, indem z. B. in Fabriksälen, in denen die Leute eng gedrängt beieinander arbeiten, ein Kranker durch Verspritzen seines Auswurfes beim Husten oder durch Entleeren seines Auswurfes auf den Boden, wo er vertrocknet und verstäubt von anderen wieder eingeatmet wird, die neben ihm Stehenden sehr leicht ansteckt. Daher ist es einer der ersten Grundsätze der Hygiene, gesunde, trockene, helle Wohnungen und Fabrikräume zu schaffen und durch Aufstellung eines geeigneten Bauplanes nicht gedrängt zusammenwohnen zu lassen.

Außer diesen Möglichkeiten der Ansteckung von Mensch zu Mensch und zweitens der Verbreitung von Infektionserregern durch unbelebte Gegenstände, vor allem auch durch Wasser oder Nahrungsmittel, an denen Infektionserreger haften, haben uns die Studien der letzten Jahre noch ein weiteres, nicht zu unterschätzendes Moment bei der Verbreitung von Infektionen gelehrt, das ist die Mitwirkung gewisser Tiere.

In dieser Hinsicht sind besonders zwei Infektionskrankheiten zu nennen, die Pest und das Wechselfieber, die Malaria. So konnte man bei der Pest nachweisen, daß hier die Ratten bei der Verbreitung der Pestbazillen die allerwichtigste Rolle spielen. Die Ratten sind für Pest sehr empfänglich, erkranken daran, gehen zugrunde, und die Leichen der an Pest verendeten Ratten werden nun von anderen Ratten aufgefressen, die sich so wiederum infizieren, so daß bei jeder Pestepidemie der Menschen eine Pestepidemie unter den Ratten mit einhergeht oder häufig sogar ihr vorangeht. Die pestkranken Ratten verschleppen durch ihre unterirdischen Gänge die Pestbazillen überall hin in alle möglichen Häuser, und dadurch können dann dort neue Erkrankungsfälle vorkommen. — Bei der Übertragung der Malariakeime ist es eine andere Tierart, und zwar sind es hier die Stechmücken, die Moskitos, welche die Überträger und Verbreiter der Krankheit sind. Die Erreger der Malaria befinden sich beim Menschen immer im Blut, und die Ansteckung von einem kranken Menschen auf den andern erfolgt in der Art, daß eine bestimmte Moskitoart einen malariakranken Menschen sticht, Blut dort saugt, damit die Malariakeime in sich aufnimmt und nun dadurch, daß sie einen Gesunden sticht, diesen mit den Malariakeimen wieder infiziert. Alle diese Dinge sind natürlich von sehr einschneidender und praktischer Bedeutung. Es beruhen auf dem Studium der einzelnen Übertragungsarten der Infektionskrankheiten die Vorbeugungsmaßregeln gegenüber der Verbreitung derartiger Seuchen, wie sie von Koch im letzten Jahrzehnt so meisterhaft durchgeführt wurden. Sie erklären uns auch viele bisher dunkle Vorkommnisse. So wissen wir jetzt, warum die Malaria ganz besonders an Sümpfen auftritt, nämlich einfach deshalb, weil an den Sümpfen hauptsächlich Moskitos sind. Wir wissen ferner, daß die Malaria mit der Erde als solcher, also mit schlechten Dünsten, die aufsteigen, gar nichts zu tun hat, sondern daß bei der Verbreitung derselben nur die Moskitos in Frage kommen. Daher gilt es heute als erste Regel, um sich gegen die Malaria zu schützen, daß man in den Tropen, in unseren Kolonien, die Leute veranlaßt, des Abends, wenn die Stechmücken schwärmen, niemals ohne Moskitonetz zu sein.

Auch für andere Krankheiten kommen Tiere als Überträger der Krankheit in Betracht und besonders jene Tiere, die wir unter den Begriff des Ungeziefers zusammenfassen, also Wanzen, Flöhe usw. So ist es für das Rückfallfieber, bei dem ebenfalls die Krankheitserreger im Blute des Menschen angetroffen werden, nachgewiesen worden, daß es durch derartiges Ungeziefer, welches von einem Kranken Blut saugt, auf Gesunde übertragen werden kann, und es wird uns dadurch erklärlich, daß diese Seuche hauptsächlich in schmutzigen Herbergen, wo Leute verkehren, die nicht auf Körperpflege sehen, vorkommt. Also ein neuer Beweis für die Wichtigkeit, welche Hautpflege und Reinlichkeit bei der Verhütung von Seuchen haben. In einem Haus, das rein gehalten ist, in dem kein Ungeziefer Unterschlupf findet, das von Ratten frei gehalten wird, sind die Bewohner, wenn sie kein Ungeziefer an sich dulden, gegenüber einer Menge Seuchen weit besser geschützt als andere Menschen, so daß man tatsächlich von Schmutzinfektionskrankheiten sprechen kann. Damit hängt es auch zusammen, daß es bei derartigen Infektionskrankheiten gewisse Häuser gibt, in denen die Seuche immer wieder vorkommt, also Pesthäuser im wahren Sinne des Wortes. Das sind dann

Quartiere, die von einer unsauberen Bevölkerung bewohnt werden, sehr schmutzig sind, und die dem Hygieniker in solchen Epidemiezeiten am allermeisten Arbeit verursachen. Auch für das gelbe Fieber, welches in der heißen Zone heimisch ist, hat man die Rolle von Insekten als Überträger der Krankheit nachgewiesen.

Wenn wir nun zusammenfassen, wie wir uns am besten gegenüber Seuchen schützen, so sei zuerst daran erinnert, daß immer der Mensch die Quelle aller für den Menschen pathogener Bakterien ist, und daß daher Anfang und Ende jeder Verhütung von Infektionskrankheiten die verfeinerte und sichere, rasche bakteriologische Diagnostik durch geschulte und erfahrene Bakteriologen sein muß. Fast unsere gesamte heutige Prophylaxe gegenüber Seuchen, die, unter Robert Koch ausgebildet, sich glänzend bewährt hat, beruht darauf, daß wir möglichst rasch jeden Infektionsfall, z. B. jeden Fall von Cholera, jeden Fall von Pest erkennen und dann die nötigen Vorsichtsmaßregeln ergreifen, damit von dem ersten Falle keine weiteren Ansteckungen durch Verschleppung ausgehen können. Also, wir treten die einzelnen Funken aus, ehe es zu einem Brand kommt. Dadurch erreichen wir, daß wir alles Notwendige ruhig, in der Stille machen können, ohne daß wir zu Maßregeln gezwungen sind, die die Bevölkerung, Handel und Wandel stören, also zu Quarantänen und Absperrungen, von denen wir ganz abgekommen sind. Mit Unrecht macht man daher der Bakteriologie den Vorwurf, daß sie Bazillenfurcht in die Bevölkerung getragen habe. Im Gegenteil! Gegenwärtig wird z. B. im größten Maßstabe in einigen Landesteilen der Kampf gegen den dort eingenisteten Typhus durchgeführt, ohne daß die Bevölkerung nur im geringsten in ihrer Beschäftigung oder Tätigkeit gestört wird. Freilich müssen wir immer wieder dahin aufklärend wirken, daß jede Infektion eine Ansteckung ist, daß die Ansteckung nur immer durch Mikroorganismen erfolgt, und daß diese daher der Feind sind; ferner, daß vor allen Dingen ein bequemer Schlendrian schädlich ist, der die Erblichkeit bei den ansteckenden Krankheiten in den Vordergrund ziehen möchte, indem er sagt, derjenige, der von Vater und Mutter dazu veranlagt ist, bekommt die Krankheit, mag er machen, was er will, der andere, der nicht dazu erblich disponiert ist, bekommt sie nicht, wenn er sich auch nicht in acht nimmt. Gewiß wird ein Kind, dessen Eltern an einer Infektion leiden, leichter die Möglichkeit haben, zu erkranken, als ein anderes, einfach deshalb, weil es weit eher Gelegenheit hat, sich zu infizieren. Gewiß ist es menschlich verständlich, daß man sich scheut, einem kranken Mitmenschen, der z. B. an Tuberkulose leidet, zu zeigen, daß von ihm seinen gesunden Mitmenschen große Gefahren drohen können. Aber es ist zweifellos richtiger, dem Betreffenden dies mitzuteilen, ihn zur Vorsicht mit seinem gefährlichen Auswurf anzuhalten und ihn in Heil- oder Heimstätten oder auf irgend eine andere Weise unter Bedingungen zu bringen, unter denen er wieder genesen kann, oder auch, wenn Genesung unmöglich ist, durch die Belehrung wenigstens seine Frau, seine Kinder und seine Arbeitsgenossen vor Erkrankung zu schützen und so neues Unheil zu verhüten, als in einem gewissen, falsch angebrachten Humanitätsgefühl eine Vogelstraußpolitik zu treiben. Wir sind in der Heilung der Infektionskrankheiten heute so weit voran, daß mit der Mitteilung der Diagnose, z. B. von Tuberkulose, nichts weniger als ein Todesurteil gesprochen ist, und kein Familienmitglied, kein Bekannter, kein Freund macht sich einer Grausamkeit schuldig, selbst wenn er einen derartig Kranken zu den einfachsten Begriffen der Vorsicht anhält. Also schon durch die erziehliche Wirkung, die Freunde und Angehörige auf einen Kranken ausüben, können wir ungemein viel zur Verhütung von Infektionskrankheiten tun. Das zweite aber, was ebenso wichtig ist, und was ebenfalls jeder in seiner Gewalt hat, ist Reinlichkeit, deren ungemein große Bedeutung für die Verbreitung mancher Seuchen schon hervorgehoben wurde. Unter Reinlichkeit verstehen wir aber nicht nur die eigene Körperpflege, sondern diese Reinlichkeit muß sich auf das ganze Haus, auf die ganze Wohnung erstrecken. Von diesem Standpunkte aus erscheint z. B. die noch vielfach übliche Gewohnheit, Leibwäsche in der Küche zu waschen, für hygienisch gefährlich. Die Sorge für gutes Trinkwasser ist ja im allgemeinen nicht in die Hände des einzelnen gelegt, sondern dafür hat in größeren Städten die Stadtverwaltung zu sorgen. Aber immerhin sei doch auch darauf aufmerksam gemacht, daß man gut daran tut, an fremden Orten Brunnenwasser, das man nicht kennt, lieber nicht zu trinken. Auch sei daran erinnert, daß die Ansteckungsgefahr im Freien weit geringer ist als in den Wohnungen, und daß dicht bevölkerte Quartiere, dunkle feuchte Wohnungen ganz besonders geeignet sind, einen Ansteckungsstoff längere Zeit zu beherbergen. Daher ist die Wahl einer hygienischen Wohnung und eine strenge Bauordnung in hygienischer Beziehung sehr wichtig behufs Vorbeugung von Infektionskrankheiten. Ferner darf nie vergessen werden, daß die Widerstandsfähigkeit eines Organismus, der seine normale Blutfülle besitzt, der gut genährt ist, die größte ist. Jeder Mensch muß sich einer verständigen Lebensweise befleißigen, er darf seinen Körper nicht durch Leidenschaften zerstören und muß eine gewisse Zeit des Tages sich in frischer Luft aufhalten und sich die genügende körperliche Bewegung machen; Spiele im Freien sind dringend zu empfehlen. Da weiterhin für viele Infektionskrankheiten der Magendarmkanal die Eingangspforte ist, so erleichtert jede tiefgreifende Störung dieses Organs die betreffende Infektion. Es sind daher Exzesse im Essen und Trinken sowohl stets als vor allem bei Gelegenheit von gewissen Epidemien, wie Cholera und Typhus, zu widerraten, und in dieser Beziehung sind das allerschlimmste alkoholische Exzesse, wie überhaupt der Alkohol die Widerstandskraft gegenüber Infektionen ungemein herabsetzt, so daß der Kampf gegen den Alkoholismus auch im Interesse der Vorbeugung gegen Infektionskrankheiten angezeigt ist. Mit Hilfe des Studiums der Eigenschaften der Infektionserreger, dem verfeinerten bakteriologischen Erkennungsvermögen, ist es uns in der Tat gelungen, nicht nur die Erkrankungshäufigkeit an Infektionskrankheiten herabzudrücken, sondern auch vorzüglich wirkende Heil- und Schutzmittel zu finden, so daß heute die meisten Infektionen, voran die Tuberkulose, im Rückgange sind. Wie wichtig das Erkennen der Ursache einer Infektion ist, ersehen wir am besten an der Tuberkulose, die seit der großen Entdeckung des Tuberkelbazillus durch Koch in beständigem Rückgange ist. Die Diphtheriesterblichkeit hat sich durch die Entdeckung Behrings zirka auf ein Drittel vermindert. Den größten Triumph aber feierte die Wissenschaft bei den Pocken. Die älteren Leute werden sich sicher noch erinnern, wie vor der Impfung fast die Mehrzahl der Menschen mit Pockennarben herumgingen. Heute sind die Pocken bei uns eine fast ausgerottete Krankheit. Nur solche Leute werden noch von ihr in schwerem Maße ergriffen, die irgendwie zu Unrecht der Schutzimpfung sich nicht unterzogen haben. Also, gerade auf diesem Gebiete war es der Wissenschaft vergönnt, große Dienste der Menschheit zu leisten, Hunderttausende jährlich vor dem Tod oder vor der Entstellung durch Infektionskrankheiten zu bewahren. Aber die Wissenschaft allein ist nicht imstande, alles zu leisten, sie muß auch Unterstützung und Entgegenkommen finden bei der Bevölkerung. Und deshalb mögen diese Ausführungen mit der Mahnung schließen, nie auf Anhänger von Afterwissenschaft zu hören, ob sich dieselben nun Impfgegner oder Naturheilkundige oder Schäfer oder irgendwie anders nennen. Sie alle sind nur Eintagsfliegen, die höchstens ein paar Jahre lang bei wenig aufgeklärten Köpfen Mode sein können. Das allein Bleibende, das allein Sichere, welches zahlenmäßig nachzuweisende Erfolge in steigender Zunahme hat, ist und bleibt die exakte, wahre Naturwissenschaft, und dieser möge jeder helfen durch Befolgung ihrer Lehren in seinem Haus und in seiner Familie. Dann wird es unbedingt gelingen, manche der gefährlichsten Infektionskrankheiten ganz zu vernichten und die Menschheit für immer von ihnen zu befreien.

www.ingramcontent.com/pod-product-compliance
Lightning Source LLC
LaVergne TN
LVHW021545021026
849161LV00005BA/1051